DIE DEUTSCHE INFORMATIONSBIBLIOTHEK PJÖNGJANG —THE GERMAN LIBRARY PYONGYANG

Sara van der Heide, Dezember 2015

Dieses Jahr markiert 25 Jahre nach der Wiedervereinigung von Ost-Deutschland und West-Deutschland. Korea ist bis heute zweigeteilt: Nordkorea und Südkorea.

„Wir wagen ein Experiment, denn wir wollen als Erste dabei sein, wenn Ihr Land beginnt, sich zu öffnen."

Mit diesen Worten eröffnete Jutta Limbach, die frühere Präsidentin des Goethe-Instituts am 2. Juni 2004 das „Büro für Deutsche Wissenschaftliche und Technische Publikationen" im Informationszentrum Pjöngjang des Goethe-Instituts im abgeschlossenen kommunistischen Nordkorea. Diese außergewöhnliche Initiative war wohl zum Scheitern verurteilt und es würde nach weniger als fünf Jahren diese Bibliothek nicht mehr geben. Die Bibliotheksbestände wurden nach langwierigen Verhandlungen, die über zwei Jahre andauerten, aufgeteilt, wobei die Nordkoreanische Regierung akademische Literatur zu Naturwissenschaften, Technik und Medizin forderte, während das Goethe-Institut forderte, dass 50% der Bestände Titel zur deutschen Kultur, Sprache, Literatur und Musik enthalten sollte. Das Goethe-Institut vertrat nicht nur die Ansicht, dass Deutschland als Beispiel für einen Wiedervereinigungsprozeß Koreas gelten könnte, sondern auch, dass Deutschland mit der Musik von Bach und deutscher Literatur einen Beitrag zur Vereinigung der zwei Koreas leisten könnte.

Aufgrund seiner zurückgezogenen Politik ist die Kommunikation mit Nordkorea sehr eingeschränkt. Es gibt zum Beispiel Internet in Nordkorea, aber keine Internet-Verbindung zum Rest der Welt. Daher wird unser Verständnis von Nordkorea überwiegend durch die ausländischen Mächte, besonders die Vereinigten Staaten, geprägt.

Bis heute halten die Vereinigten Staaten von Amerika eine Militärbasis in Südkorea, während die Geschichte Nordkoreas von äusseren Einflüssen besonders der Kolonialisierung durch Japan geprägt ist. Nach Jahrzehnten japanischer Besatzung folgte der Koreakrieg, der in Nordkorea als „Vaterland-Befreiungs-Krieg" bezeichnet wird. In China wird dieser Konflikt offiziell der „Krieg zum Widerstand gegen den Angriff der Vereinigten Staaten und zur Unterstützung von Korea" genannt. Kim Il Sung, der erste Machthaber Nordkoreas, war als einer der Anführer im Kampf gegen japanische Besatzer und amerikanische Übermacht aktiv. Der Stolz auf die Unabhängigkeit von Amerika und den Widerstand gegen amerikanischen Einfluss sind bis heute tragende Säulen der nordkoreanischen Gesellschaft.

Während der Triennale wird die Deutsche Informationsbibliothek in der Guangdong Provinzbibliothek (China), die mit dem Goethe-Institut kooperiert, zur Deutschen Informationsbibliothek Pjöngjang umgewandelt. Dieser Eingriff ist eine imaginäre Verwandlung der jetzigen Bibliothek und seiner geographischen Lage. Unter diesem Überbegriff werden während dieser Zeit Kulturveranstaltungen stattfinden, ganz so, wie wenn sie ein Goethe-Institut organisieren würde. Diesmal jedoch beinhaltet es eine Selbstbefragung der Bibliothek und des geschichtlichen Kontextes eines Lesesaals und untersucht mögliche Parallelgeschichten zwischen den zwei Koreas und dem früher geteilten Deutschland.

Dieses Projekt beansprucht nicht Antworten auf komplexe politische Angelegenheiten zu geben und es versucht auch die üblichen Stereotypen über Nordkorea zu vermeiden. Hingegen möchte dieses Projekt einen kritischen Blick auf nationale Kulturpolitik und die Anwendung von *soft power* (weiche Macht) werfen, was in diesem Falle die Abwendung von einer eurozentrisch-kapitalistischen Erzählweise bedeutet und unter Umständen eine ungleiche Beziehung zwischen Geber und Empfänger bestätigt. Was bedeutet es, in der heutigen post-kolonialen Zeit, einen deutschen Lesesaal in einem kommunistischen Land zu eröffnen? Welche Rolle spielen Kunst und Literatur in gegensätzlichen Systemen, um neue Brücken zu bauen? Die Bibliothek wird hier Raum für kritische Fragen und Platz für grenzüberschreitendes Denken bezüglich Nationalstaatlichkeit, Sprache und geographische Position bieten.

Während der Triennale können Bibliotheks-besucher unterschiedliche Kunstwerke im Bibliotheksraum entdecken. Bücher sind Kunstwerke und Kunstwerke sind Bücher. In der Bibliothek und während des Seminars kann man Reflektionen und Beiträge von Künstlern unterschiedlicher Generationen aus Ländern wie Deutschland, China, Nord- und Südkorea u.a. finden.

Am 13. Dezember 2015 findet ein Seminar mit Kochdemonstrationen, Musik, Gesprächen und Filmvorführungen statt.

[1] Ein wesentlicher Teil (mehr als 1/5) des Budgets des Auswärtigen Amts in 2013, ca. 800 Millionen Euro, wurden für die Pflege kultureller Beziehungen im Ausland verwendet. Die Bundesrepublik Deutschland begann nach dem zweiten Weltkrieg ein positives Bild von Deutschland aktiv im Ausland zu pflegen und eröffnete seitdem 160 Goethe-Institute — Kulturinstitute mit Angeboten zu deutscher Sprache und Kultur — in 96 Ländern. China hat im Ausland seit 2004 ungefähr 500 Konfuziusinstitute — chinesische Sprachzentren — mithilfe von Finanzierung durch die chinesische Regierung eingerichtet.

ZEITGEMÄSSE BETRACHTUNGEN

Henk Slager, Chef-Kurator
1. Asia Biennale / 5. Guangzhou Triennale

Im Jahr 1876 betonte der deutsche Philosoph Nietzsche in seinem ahnbrechenden Essay "Unzeitgemäße Betrachtungen", dass es nach einem halben Jahrhundert des historischen Denkens und der Erfindung der historischen Disziplin außerordentlich dringlich wäre, alle damit verbundenen kulturellen Werte und die rhetorische Rolle des Geschichtsbegriffes und seines Verständnisses neu zu überdenken. Er war sich jedoch sehr wohl des falschen Zeitpunkts bewusst. Das neunzehnte Jahrhundert war eine Ära, in der sich der europäische Geist — wie in Philosoph Hegels *Phänomenologie des Geistes* formuliert — als Weltgeist manifestierte; eine Ära mit völlig eurozentrischer Einstellung, die komplett den Blick auf die Werte und Qualitäten anderer Kontinente wie Asien ignorierte.

Im folgenden Jahrhundert würde sich dieser weltumfassende Anspruch durch neue Organisationsstrukturen wie Nationalstaatlichkeit, Reich und Kapitalismus weiter manifestieren. Diese vereinten Kräfte, die dem anderen Zeitgefühl und der Wahrnehmung, die sich in der Zwischenzeit in Asien entwickelte, wenig Aufmerksamkeit zollten.

Es ist die Fahrlässigkeit, diese vorsätzliche Leugnung von Unterschieden, die den richtigen Startpunkt der fünften Guangzhou Triennale und ersten Asien-Biennale markiert. Ihre Erzählweise konzentriert sich auf den Widerspruch, der hier untrennbar mit dem Zeitbegriff verbunden ist, so wie der koreanische Philosoph Byung-Chul Han es in *Müde Gesellschaft* beschrieben hat: namentlich das Selbstverständnis der westlichen, globalen oder „Weltzeit" (mit Eigenschaften wie Beschleunigung, Geschwindigkeit, Transparenz, Erschöpfung, transgressive/progressive Modernität,

Ultra-Kapitalismus, Wissensproduktion und Ökonomie) im Vergleich zur asiatischen Zeit (mit Eigenschaften wie Ruhe, Reflexion, Konzentration, verschiedene Formen der Moderne und einer Betonung auf Werte und Weisheit).

Ausgehend von dieser Erkenntnis will die Triennale ein kritischer Katalysator für die Infragestellung des gegenwärtigen „Weltzeit-Standards" sein, nicht um diesen durch einen anderen Zeitbegriff zu ersetzen, sondern mit dem Versuch, eine selbstzentrierte, exklusive und expansionistische Logik, die dahinter steht und global und scheinbar untrennbar damit verbunden ist, zu beenden.

Diese Unmöglichkeit der Universalität ist das Herzstück des Projekts *Die Deutsche Informationsbibliothek Pjöngjang — in der Deutschen Informationsbibliothek in der Guangdong Provinzbibliothek* von Sara van der Heide, das mit dem Goethe-Institut kooperiert. Das Projekt, das an der Sun Yat-Sen Bibliothek stattfindet, untersucht die Kulturpolitik des Goethe-Instituts von vor zehn Jahren auf der Grundlage seiner temporären Zweigstelle in der nordkoreanischen Hauptstadt. Im Namen von Johann Wolfgang von Goethe, der wahrscheinlich der letzte „homo universalis" der Geschichte war, wollte das Institut Besuchern Perspektiven und Werte zugänglich machen und diese als universell präsentieren.

Das Projekt von Sara van der Heide ist ein mehrschichtiger Ansatz der oben genannten Problematik und besteht unter anderem aus Maßnahmen, Kooperationen mit anderen Künstlern und Designern (wie beispielsweise Hans Haacke, Sora Kim und Chen Tong) und einem parallelen Seminarprogramm (mit Louwrien Wijers, Chankyong Park und Stefan Dreyer u.a.). Das Projekt sollte nicht nur als historische Rekonstruktion betrachtet werden, sondern vor allem als ein Raum für Phantasie und kritische Reflexion (in Bezug auf die expansionistische soft power der Politik), die die Relativität und Historizität der kulturellen Werte als Ausgangspunkt nimmt.

Sara van der Heide, *Der Bibliotheksbestand der Informations- bibliothek des Goethe-Instituts (2004–2009) von Pjöngjang*

2015, mit Dongyoung Lee, und Kristian Johansen
digitaler Bibliotheksbestand und 5.000 Bibliotheks-Karteikarten

Die ursprüngliche Idee war, Bücher und andere Medien des früheren Lesesaals in Pjöngjang nach Guangzhou zu transportieren. Aber das Goethe-Institut in Seoul informierte mich darüber, dass die Originalbestände in andere Orte in Asien gebracht wurden, zum Beispiel in die Mongolei, in Medizinfakultäten in Pjöngjang. Was in Guangzhou gezeigt wird, ist der digitale Bibliotheksbestand von 5.000 Medieneinheiten: Bücher, DVDs und CDs, die 2004 nach Pjöngjang transportiert worden waren. Alle Bücher, Filme und auch die Musik sind thematisch geordnet. Man kann sie finden unter Schlagwort/ Alphabet/Autor/Thema/Zugangsnummer. Die Auswahl der Bücher macht die unterschiedlichen Interessen von Deutschland und Nordkorea deutlich. Der inhaltliche Bestand wurde über einen Zeitraum von zwei Jahren ausgehandelt, wobei die nordkoreanische Regierung unbedingt akademische Literatur über Naturwissenschaften, Technik und Medizin haben wollte, während das Goethe-Institut darauf bestand, dass sich die Hälfte des Bestandes mit deutscher Kultur, Sprache, Literatur und Musik beschäftigte.

Changho Choi, *Berg Paekdu im Frühling*

2004, Textilfahnen

Die gemalte Landschaft von Chonji (Himmelssee) ist auf zwei Fahnen in der Bibliothek zu sehen. Der Gipfel des Paekdu wird in Nordkorea als „Heiliger Berg der Revolution" betrachtet. Choi malt im mongolischen Stil, d.h. er malt Figuren nur durch Farbsetzung — ohne vorher die Konturen festzulegen. Der Berg und die Gegend um ihn herum sind aus zwei Gründen bekannt: einmal weil dort koreanische Rebellen gegen Japaner kämpften, die Korea über Jahrzehnte hinweg besetzt hatten, und dann, weil die Koreaner den Paekdu als einen der drei heiligen Berge betrachten und als Herkunftsort ihrer Ahnen.

Spuren der Konversation von Erich Honecker mit Kim Il Sung

2015, Publikation, herausgegeben von Back to the Mountain Publishing House

In den Regalen des Deutschen Lesesaals in der Sektion über die Zeit des Kalten Krieges, befindet sich eine Publikation, die zwei Dokumente aus den 1970er Jahren enthält. Diese belegen einen Austausch zwischen den früheren Regierungschefs der Deutschen Demokratischen Republik und der Demokratischen Volksrepublik Korea, nämlich Erich Honecker und Kim Il Sung. Beide Dokumente beziehen sich auf den historischen Freundschaftspakt der DDR und Nordkorea (und auch der VR China), der eine langjährige Beziehung und kulturellen Austausch zwischen Ostdeutschland und Nordkorea begründete. Letztendlich ermöglichte wohl diese Freundschaft die Eröffnung des Deutschen Lesesaals und Informationszentrums in Pjöngjang. Die Briefe von damals beweisen, dass aufseiten der Nordkoreaner ein tiefgehender Wunsch zur Vereinigung (mit Südkorea) bestand, jedoch keinesfalls unter dem Einfluss der USA.

Sara van der Heide, *Johann Wolfgang von Goethe hat in 169 Städten ein Haus*

2015, 169 Visitenkarten, alphabetisch geordnet

Es gibt 169 Goethe-Institute weltweit, sie fördern die deutsche Sprache und den kulturellen Austausch mit Deutschland und werden finanziell vom deutschen Staat unterstützt. Der Name des Namensgebers der Institution, Johann Wolfgang von Goethe (1749–1832), ist auf 169 Visitenkarten aufgedruckt, zusammen mit jeder einzelnen Adresse aller Goethe-Institute weltweit. Diese vertrauten Objekte sollen die umfassenden und unterschwellig imperialistischen Auswirkungen der Arbeit nationaler Kulturinstitute in einer globalisierten Welt abbilden. Die Visitenkarten zeigen Johann Wolfgang von Goethe als Universalgenie: als Dichter, als Politiker, als Wissenschaftler, als Dramatiker und als Schriftsteller.

Hans Haacke, *Die Freiheit wird jetzt einfach gesponsert–aus der Portokasse*

1990, Fotografien

1990 waren Giovanni Anselmo, Barbara Bloom, Christian Boltanski, Hans Haacke, Rebecca Horn, Ilya Kabakov, Jannis Kounellis, Via Lewandowski, Mario Merz, Raffael Rheinsberg und Krzysztof Wodiczko eingeladen, eine temporäre öffentliche Installation zu gestalten, die aus sich ergänzenden Objekten aus West- wie Ostberlin bestehen sollte. Die Ausstellung, finanziert von der Stadt Westberlin, eröffnete einige Monate vor der Berliner und der deutschen Wiedervereinigung. Der Ausstellungstitel *Die Endlichkeit der Freiheit*

stammte von Heiner Müller, einem bekannten ostdeutschen Dramatiker, Dichter,
Schriftsteller und Theaterdirektor.

1961, neunundzwanzig Jahre früher, hatte die DDR (Ostdeutschland)
um Westberlin herum einen stark bewachten Grenzstreifen gezogen, eine
unüberwindbare Mauer gebaut, elektrische Zäune installiert und Minenfelder
angelegt. 175 Menschen wurden beim Versuch, in den Westen zu fliehen,
in diesem sogenannten Todesstreifen getötet.

Für das oben genannte Projekt wurde ein Wachturm in der Nähe des
Grenzübergangs Heinrich-Heine-Straße ausgewählt. In seine Fenster wurde
neues getöntes Glas eingebaut, was an das „Palasthotel" in Ostberlin
erinnerte, einem Luxus-Gästehaus der DDR. Der Suchscheinwerfer auf
dem Dach wurde ersetzt durch einen langsam rotierenden Mercedes-Stern.
Seit 1965 hatte sich ein riesiger Mercedes-Stern auf dem Dach des Europa-
Centers gedreht, dem höchsten Gebäude mitten im modernen Westberliner
Einkaufsviertel.

Zwei Beschriftungen in Bronzelettern wurden auf zwei Seiten des
Wachturms installiert. Bei beiden ging es um Zitate berühmter Persönlichkeiten,
die in einer Werbeserie von Daimler-Benz benutzt worden waren. In einem
der Zitate, „Bereit sein ist alles" (Shakespeare) klingt das Motto der
Jungen Pioniere, der DDR-Jugendorganisation an: „Sei bereit — sei immer
bereit".

Das andere Zitat „Kunst bleibt Kunst" (Goethe), war in Werbeannoncen
von Mercedes in der *New York Times* benutzt worden.

Einige Monate vor der Ausstellung hatte Daimler-Benz ein großes brachlie-
gendes Grundstück am Potsdamer Platz gekauft, ein Ort in der Nähe der
Mauer, der früher schon das alte Zentrum von Berlin war und auch wieder
werden sollte. Die Stadt Berlin verkaufte das Grundstück an Daimler-Benz,
bevor ein städtischer Bebauungsplan für die neuen Flächen entwickelt
worden war. Daimler bezahlte ein Zehntel des geschätzten Marktpreises.

Daimler-Benz gehört zu den deutschen Firmen, die Hitlers Weg an die
Macht befördert hatten. Der Vorstandsvorsitzende und der Direktor von
Daimler waren Mitglieder der SS. Wie andere Firmen auch beschäftigte
Daimler-Benz während des 2. Weltkriegs zahlreiche Zwangsarbeiter. Nach
dem Krieg erholte sich die Firma rasch. Daimler-Benz gehört zu den größten
Unternehmen Deutschlands und zu den größten Produzenten von Kriegs-
material. Trotz eines internationalen Waffenembargos versorgte die Firma
sowohl das Militär als auch die Polizei des südafrikanischen Apartheids-
regimes mit mehr als 6.000 Fahrzeugen und Raketenwerfern. In den 1980ern
verkaufte Daimler-Benz Hubschrauber, Militärfahrzeuge und Raketen in den
Irak, der damals von Saddam Hussein beherrscht wurde.

Daimler-Benz ist ein sichtbarer Sponsor von Kunstausstellungen. 1986
beauftragte die Firma Andy Warhol damit, ihre Fahrzeuge von den Anfängen
bis hinein in die 1980er zu malen. Die Gemäldeserie wurde 1988 posthum im
Guggenheim-Museum gezeigt, gesponsert von Mercedes.

Sora Kim, *Abstrakte Lesung*

2015, Text und aufgezeichnete Lesungen

Zum Bestand der Deutschen Informationsbibliothek gehören Bücher
über deutsche Kultur, Geschichte, Philosophie, Wissenschaft, deutsche
Außenpolitik, den Kalten Krieg, den 2. Weltkrieg, Literatur und Musiknoten.
Eine zufällige Auswahl von Textstellen aus verschiedenen Büchern wurde
an Sora Kim geschickt, die in Seoul lebt. Aus diesen Textstellen kreierte sie
einen neuen Text — jenseits von Bedeutung und unterschiedlichen Sprachen.
Ihr abstraktes Schreiben gibt einer Sprache Stimme, die weit entfernt ist von
konventionellen Kommunikationsformen und logischem Denken. Ihr Werk gibt
der Nutzung der Bibliothek und seiner Bücher eine neue Bedeutung und bietet
eine Analogie zur aktuellen Umgestaltung der Bibliothek.

Chen Tong, *Der echte Bücherschrank*

2015, Bücherschrank, Video

Wird es in der Zukunft noch Bücherschränke geben? Einen „echten"
Bücherschrank zu machen, bedeutet so viel wie über den Wert des Denkens
nachzudenken. Dieser Bücherschrank ist keine Dekoration. Während man ihn
macht, denken wir nur an seine Aufnahmekapazität, denn allein der Gedanke
hat schon Gewicht. Im öffentlichen Dialog werden wir diskutieren, was für
Bücher wir in den Bücherschrank stellen sollten. Zur gleichen Zeit wird das
Publikum den Produktionsprozess eines echten Bücherschranks kennenlernen.

Künstlerinnengruppe Erfurt, *Mode für Frauen von Frauen, Modeobjekt-Show von Gabriele Stötzer*

1988, Irmgard Senf, Original 8mm/Video, 8 Min.

Gabriele Stötzer war eine der Mitbegründerinnen der Künstlerinnengruppe Erfurt in den 1980er Jahren der DDR. Die Frauen malten, woben, töpferten, machten Filme im 8mm-Format und veranstalteten später Performances in Erfurter Kirchen. Die Frauen suchten nach Wegen, sich auszudrücken, in einer kontrollierten Gesellschaft, die von Männern dominiert wurde. Die Frauen konnten nur in Privaträumen oder in Kirchen auftreten. Dieses Video zeigt eine Mode-Objekt-Show in einem Augustinerkloster in Erfurt. Die Leute stellten Kleidungsstücke her. Gabriele Stötzer: „Das war Kunst für alle, mit egalitärem, demokratischen Anspruch. Diese Art von Mode war nicht exklusiv, sondern für jeden erhältlich." Für die Show suchten die Künstlerinnen Mannequins — normale Frauen, keine Frauen aus Modemagazinen — und viele Frauen folgten dem Aufruf.

Janet Grau, *Rückblick*

2003, Video, 23 Min.

Rückblick zeigt insgesamt 30 Personen, die Gemälde beschreiben. Diese mehrteilige Installation basiert auf Videomaterial, das im Depot des „Kunstfonds des Freistaates Sachsen" entstand. Die Kunstwerke, die für die Videoproduktion herangezogen wurden, gehörten einst zum „Büro für Bildende Kunst des Rates des Bezirkes Dresden", und gehören jetzt zur Sammlung des Kunstfonds. Aus den über 21.000 Objekten der Sammlung, wählte Janet Grau 15 Bilder aus, die den Teilnehmern des Projekts „Rückblick" gezeigt wurden. Bevor diese die Bilder sahen, wussten sie nicht, mit welcher Art von Gemälden sie konfrontiert würden, auch wussten sie nicht, dass es sich um Gemälde aus der Zeit der früheren DDR handelte. Über mehrere Tage hinweg kam ein Projektteilnehmer nach dem anderen ins Depot, wo sie „ihr" Bild aussuchten. Ihnen wurde nicht gesagt, welche Bilder die anderen ausgesucht hatten. Sie erhielten auch keine Informationen über die Kunstwerke (Künstlername, Titel, Entstehungsjahr). „Ich habe sie gebeten, mir das Kunstwerk zu beschreiben, das sie ausgewählt hatten, aber ich habe ihnen keine Anhaltspunkte dafür gegeben, wie sie sie beschreiben sollten." Das Bild bleibt sowohl der Kamera als auch dem Zuschauer verborgen — nur die Rückseite des Gemäldes ist sichtbar. Das Video lädt uns ein, die Sprecher zu betrachten, ihre Gesten, ihren suchenden Blick und die Momente ihres Unbehagens. Wir werden Zeuge, wie sie sich darum bemühen, das Bild in Worten einzufangen. Wir erleben intime, individuelle Begegnungen mit den Gemälden — keine Fragen über ihren Wert oder Debatten über den politischen Kontext von Kunst.

Die Frage nach der Qualität dieser Kunstwerke bleibt unbeantwortet—es gibt weder positive noch negative Unterstellungen, nicht so, wie man es oft bei Werken des Sozialistischen Realismus hat. Stattdessen liegt der Fokus darauf, wie der Prozess von Kunstbetrachtung selbst abläuft und wie der Versuch, diese Erfahrung in Worte zu kleiden. Das Bild spiegelt sich in den Gesichtern, Worten und Körperhaltungen der Projektteilnehmer wider, aber bleibt noch in der Endeinstellung des Videos verborgen. Wir haben nur eine leere Rückseite—ein ironischer Kommentar zur Nicht-Öffentlichkeit dieser Bilder.

Chankyong Park, *Fliegen*

2005, Video, 13 Min.

Im Juni 2000 fand der erste Nord-Süd-Gipfel nach dem Koreakrieg statt. Dieser Film bereitet Fernsehausschnitte auf, die die Flüge von Südkorea nach Pjöngjang zeigen, den Flughafen und die Straßen von Pjöngjang. Die Tonspur spielt den Anfang von Isang Yuns Komposition „Double Concerto", die sich auf den Mythos von Gyeonu und Jiknyeo bezieht. Nach dem Mythos bestraft der Himmelskönig die Faulheit des Paares, indem er einen auf einen Stern im Westen verbannt und den anderen auf einen Stern im Osten. Dem Paar gelingt es jedoch, an einem Tag im Jahr zusammenzukommen, am 7. Juli, wenn die Vögel, die sich ihrer erbarmen, eine Brücke über die Milchstraße hinweg bauen. Der Komponist Yun verglich den Mythos mit den Süd-Nord-Beziehungen. Die Entfernung zwischen Nord und Süd ist so groß wie die über die Milchstraße. Die Begegnung von Gyeonu und Jiknyeo bedeutet Wiedervereinigung. Als Yun das Stück komponierte, mag er sich die unendlich große Zahl von Vögeln vorgestellt haben, die nötig ist, um eine Brücke über die Galaxie zu bauen. Yun konnte nicht in seine geteilte Heimat zurückkehren und starb im Exil — einem gerade wiedervereinigten Deutschland.

Chankyong Park, *Blackout*

2009, Video, 3:50 Min.

In Nordkorea stellt die Malerei der Joseon-Zeit, die typischerweise stürmische Meere und hohe Wellen zeigt, ein eigenes Genre dar. Die „revolutionäre Romantik" dieser Malerei lässt an den chronischen Energiemangel in Nordkorea denken. Die „nationalen Formen" dieser Malerei erinnern mich an die westlichen Energiekonzerne, die die Vorräte von Öl und Gas im nordkoreanischen Meer erforschen. Die Joseon-Maler im Mansudae Art Studio füllen ihre politische Rolle in Nordkorea perfekt aus. Chankyong Park macht sich ihre Kunst in seiner Videokunst zu eigen und verbraucht Elektrizität.

1 *Die Wellen von Haegumgang* (Studie einer Wellenform in der Joseon-Malerei, Sungguen Kim, 2.16 Kunsterziehungsverlag, 2003) veröffentlicht in Nordkorea, beinhaltet 60 Fotoabbildungen von Wellengemälden. Das Buch erklärt im Detail auf 120 Seiten, wie das Meer und die Wellen in der Joseon-Malerei gemalt werden.

2 Im Jahr 2000 haben Wasserkraftwerke 67% des elektrischen Stroms
in Nordkorea erzeugt. Wegen des Strommangels ist ein System der
Rationierung entwickelt worden. Im Land gibt es immer wieder
Stromausfälle (blackouts); außerdem sind die Energieverluste hoch,
da das Freileitungsnetz veraltet ist.

3 Derzeit (2002) ist Südkorea nicht bereit, den Norden mit Elektrizität
aus dem eigenen Netz zu versorgen. Es ist bekannt, dass Nordkorea
mit Russland über die Möglichkeit der Stromversorgungshilfe diskutiert.

4 In der Bucht von Westkorea in Nordkorea liegen möglicherweise größere
Kohlenwasserstoffvorräte, denn sie gilt Geologen als Verlängerung der
chinesischen Bohai-Bucht. Firmen wie die schwedische Taurus Energie
AB, die britische Soco International und Aminex PLC erforschen die
Möglichkeit, Öl und Gas im Nordkoreanischen Meer zu fördern.

Liu Ding, *Geschenk (2)*

2011, Video, 2:51 Min.

Dieses Geburtstagsgeschenk wurde von einer Sammlerin für ihren eigenen
Geburtstag in Auftrag gegeben und ist eine Videoinstallation auf drei
Bildschirmen. Ich nahm den Clip, in dem Marilyn Monroe für Präsident
Kennedy auf seiner Geburtstagsparty 1962 „Happy Birthday" singt, habe
ihn in Teile geschnitten und zwischen den Gesang Texte von mir eingefügt,
die darüber gehen, welche Träume und Erwartungen man im Leben hat.

Hier sind die Texte, die den Gesang Monroes unterbrechen: Für einige Leute
sind Träume eine alltägliche Übung, ein inneres Programm, ein natürlicher
Weg des Seins. Sich eine Position vorzustellen, die anders ist als die, die
man schon innehat. Vorauszusehen, in einer Position zu sein, die anders
ist als die, die man schon innehat. Sich nach einer Situation zu sehnen,
die anders ist als die, in der man sich schon befindet.

Kyungman Kim, *Lang lebe Ihre Majestät*

2002, HD, 13 Min.

Daehan News war der Name einer Propaganda-Filmserie, die zwischen
1952 und 1994 vom koreanischen Presseamt gemacht wurde. In dieser
Zeit produzierte Daehan News einen Filmclip pro Woche. „Lang lebe Ihre
Majestät" ist ein Zusammenschnitt der Daehan News von 1952 bis 1969.
In „Lang lebe seine Majestät" geht es um den Diktator Rhee Syngman,
den ersten Präsidenten Südkoreas. In dem Film wird er als Mann dargestellt,
der jeden Tag so feiert, als ob es sein Geburtstag wäre. Wenn die USA
Nordkorea als totalitäre und unzurechnungsfähige Diktatur definieren, dann
nicht, weil Nordkorea etwas missversteht, sondern weil die USA etwas
missverstehen. Wenn die Mehrheit der Amerikaner wüsste, was im letzten
Jahrhundert geschehen ist, zum Beispiel wie die US-amerikanische Regierung

Kriegsverbrechen und Diktaturen unterstützt hat, dann würden sie wohl kaum so über Nordkorea sprechen. Genauso: wenn Südkorea Nordkorea als totalitäre Gesellschaft definiert, die den Ein-Personen-Kult pflegt, dann hat das eine gewisse Ironie. Die Ironie ist, dass Südkorea in den letzten Jahrzehnten ein Land war, das von verschiedenen Diktatoren beherrscht wurde. Südkorea war also in der gleichen Situation wie Nordkorea — mit einem Unterschied: Der Tyrann hat mehrfach gewechselt.

Die Tatsache, dass die Leute so feindlich gegenüber Nordkorea eingestellt waren und sind und einen Tyrannen wie Präsident Rhee als „unseren großen Vater" verehrt haben, ist ironisch.

09.30–10.00 — Einlass

10.00–10.15 — Seminareröffnung: *Complete, Embrace*
Ein Lied komponiert von Rory Pilgrim,
mit Robyn Haddon (Gesang), Xiaojuan Xing (Cello),
Long Liu (Sheng)

10.15–10.30 — Eröffnungswort von Gabriele Gauler,
Direktor des Goethe-Instituts Hong Kong

10.30–12.30 — Offene Gesprächsrunde zum deutschen Leseraum
in Pjöngjang: Deutsche Kultur, Musik und Bücher
als ein Mittel zur Wiedervereinigung zwischen
Nord- und Südkorea

Redner:
- Stefan Dreyer, Direktor des Goethe-Instituts Seoul
- Chankyong Park, Künstler und Filmemacher
- Kyungman Kim, Filmemacher
- Gabriele Stötzer/Erfurter Gruppe „Frauen für Veränderung" aus der ehemaligen DDR
- Moderator: Hyunjin Kim

12.30–14.00 — (Mittagspause)

Kochperformance: *Glückselige Friedenssuppe*,
Egon Hanfstingl

14.00–15.30 — *Goethe und seine Speisen, China und Korea*,
Text und Vortrag von Louwrien Wijers und Gast/Gästen

(Kurze Pause)

15.45–16.15 — Chen Tong, Performativer Vortrag zu
Der echte Bücherschrank

16.15–16.45 — *Abstrakte Lesung*, ein performatives Lesestück
geschrieben von Sora Kim für vier Leser
(in Koreanisch, Deutsch, Chinesisch und Englisch)

16.45–17.00 — Schlussfeier: *Complete, Embrace*
Ein Lied komponiert von Rory Pilgrim,
mit Robyn Haddon (Gesang), Xiaojuan Xing (Cello),
Long Liu (Sheng)

Der Künstler Rory Pilgrim komponiert für das Seminar ein Lied, welches den Tag einleiten und abschließen wird. In zwei Teilen versucht das Lied, einen der ursprünglichsten menschlichen Instinkte, das Umarmen, einzufassen. Ein Instinkt, welcher das menschliche Zusammensein vom Anfang eines neuen Lebens bis zur Trennung und Wiedervereinigung umschließt. Pilgrim befasst sich mit den Möglichkeiten der menschlichen Stimme in einem Versuch des Auseinandersetzens mit der Komplexität von Wiedervereinigung und Trennungsschmerz. Als ein elementares Instrument, welches wir alle teilen, versucht Pilgrim von den stimmlichen Möglichkeiten eine Vereinigung und einen Ausdruck des menschlichen Erfahrens zu beanspruchen. Die Stimme ist als ein Instrument ein direkter Kanal unserer Worte, durch welche wir unser emotionales Verstehen transformieren können. In Zusammenarbeit mit dem britischen Sänger und Künstler Robyn Haddon komponiert Pilgrim ein neues Musikstück, welches Worte der Liebe, der Harmonie, des Friedens, des Schmerzes und des Verlusts erforscht, um zu erwägen wie das Persönliche universell Resonanz finden kann. Zusammen mit lokalen Musikern vermischt sich die Stimme mit den wortlosen Melodien ihrer Instrumente und verbindet somit Menschen über das Sprachverständnis hinaus.

Eröffnungswort: Gabriele Gauler, Direktor des Goethe-Instituts Hong Kong

Offene Gesprächsrunde zum deutschen Leseraum in Pjöngjang: Deutsche Kultur, Musik und Bücher als ein Mittel zur Wiedervereinigung zwischen Nord- und Südkorea

1. Teil Präsentationen 75 Minuten

Redner:
- **Stefan Dreyer**, der Direktor des Goethe-Instituts Seoul, wird über den Prozess und die Gründe, welche der Eröffnung der Deutschen Bibliothek in Pjöngjang vorausgingen, sprechen. Des Weiteren wird er über die aktuellen deutschen Kulturaktivitäten in Pjöngjang und Nordkorea berichten.
- **Chankyong Park**, Künstler und Filmemacher aus Südkorea, wird seine Arbeiten *Black Out* und *Flying* präsentieren, welche auch im Video-programm gezeigt werden. Er wird über seine Praxis, welche sich mit dem Kalten Krieg auseinandersetzt, und seine Arbeiten, welche die Beziehungen zwischen Nord- und Südkorea adressieren, sprechen.
- **Kyungman Kim**, Filmemacher, wird eine kurze Einführung in seine Arbeit geben und erläutern wie die Diktatur in Südkorea die Gründung einer Arbeiterbewegung blockiert.

- Gabriele Stötzer/Erfurter Gruppe „Frauen für Veränderung" wird eine kurze Einführung in ihre Praxis geben und über die kollektiven Performances mit der Erfurter Gruppe „Frauen für Veränderung" in der DDR und ihrer Rolle in der friedlichen Wiedervereinigungsbewegung in den 80er Jahren in Deutschland sprechen.
- Moderator, Hyunjin Kim, Kurator und Schriftsteller, arbeitete zuvor bei ARCO/Koreanische Kulturorganisation, wird über die Präsenz ausländischer Kulturorganisationen in Südkorea reflektieren.

Kurze Pause 15 Minuten

2. Gesprächsrunde mit den Teilnehmern, moderiert von Hyunjin Kim 45 Minuten

Grundsätzliche Themen und Fragen: Kann Deutschlands Geschichte einen möglichen Wiedervereinigungsprozess zwischen Nord- und Südkorea unterstützen? Beide zweigeteilt und beeinflusst einerseits von den Vereinigten Staaten von Amerika andererseits von kommunistischen Staaten. Oder ist diese Parallele zu einfach gezogen im Blick auf die äußerst verschiedene Geschichte der beiden Länder? Wie sollte Deutschlands Präsenz in einem größeren Rahmen westlichen Imperialismus und seinem selbstgefeierten eurozentrischen Denken positioniert werden? Welche Motive veranlassen Deutschland weltweit (und in Nordkorea) deutsche Kulturzentren nach dem Zweiten Weltkrieg zu eröffnen? Politische? Wirtschaftliche? Welche waren oder sind die möglichen Auswirkungen des Leseraums in Pjöngjang? Und ist das Bild eines abgeschotteten Nordkoreas und eines deutschen *safe haven*s zu einfach? Kann der deutsche Leseraum zu dem Wiedervereinigungsprozess beitragen?

Kochvorführung: *Glückselige Friedenssuppe*, Egon Hanfstingl

Egon Hanfstingl, Koch und Künstler, wird die Kochperformance „Glückselige Friedenssuppe" in Guangzhou zeigen. Diese Suppe spricht über eine direkte und universelle Sprache ohne Worte: über den Magen. Die Zutaten und das Aroma durchdringen jede Zelle unseres Körpers. Sowohl lokale als auch europäische Zutaten werden für diese Suppe verwendet. Ein historisch überlieferter Text über die chinesischen Essgewohnheiten, auf den sich Hanfstingl bezieht, kommt von Sun Simiao (621–713), „Rezepte, die tausendfach Gold wert sind". Dieser wurde in den Jahren 650–660 während der Tang Dynastie fertiggestellt.

Goethe und seine Speisen, China und Korea,
Text und Vortrag von Louwrien Wijers und Gast/Gästen

Louwrien Wijers, Künstlerin und Schriftstellerin, hat in den letzen
Jahren vor allem „mentale Skulpturen" hergestellt. Ihr Ziel ist es, fast
unmerkliche Veränderungen in unserem Bewusstsein durch Dialoge und
intensive Gespräche herbeizuführen. In Guangzhou schlägt sie einen
Gedankenaustausch über den Einfluss von China auf den Namensgeber
der deutschen kulturellen Einrichtung vor: Johann Wolfgang von Goethe.
1809 veröffentlichte Goethes Assistent Julius Klaproth (1783–1853) einen
Überblick über die chinesische Literatur. Zudem folgte Goethe der 1797
veröffentlichten makrobiotischen Diät seines Arztes W.C. Hufeland (1762–
1836), in welcher dieser Wissen aus China über den Einfluss des Essens
auf den Körper einfließen ließ. Er nannte dies — im Gegensatz zu der
„heroischen medizinischen Wissenschaft" — seine makrobiotische „sanfte
Heilung", mit der man die natürlichen Kräfte zur Verlängerung des Lebens
nutzen könnte. Zwei chinesische Quellen beeinflussten Goethe. Louwrien
Wijers Ziel ist es, die Eurasische Kultur wieder herzustellen.

Der echte Bücherschrank,
Performativer Vortrag von Chen Tong

Abstrakte Lesung, ein performatives Lesestück
geschrieben von Sora Kim für vier Leser
(in Koreanisch, Deutsch, Chinesisch und Englisch)

In der Deutschen Bibliothek befinden sich Bücher zu deutscher Kultur,
Geschichte, Philosophie, Wissenschaft, deutscher Außenpolitik, dem Kalten
Krieg und dem Zweiten Weltkrieg, aber auch literarische und musikalischen
Quellen. Eine zufällig generierte Seitenauswahl verschiedener Bücher wurde
an Sora Kim, welche in Seoul ansässig ist, gesandt. Aus diesen Seiten hat
Sora Kim einen neuen Text kreiert: ein Text jenseits von Bedeutung und
verschiedenen Sprachen. *Abstract Reading* (Abstraktes Lesen) befasst sich
mit einer unmöglichen Sprache jedoch vom höchst entwickelten und genuinen
Typus. Sobald man in dieser Sprache liest, entfernt sich das Wort augen-
blicklich um nie wieder wiederholt zu werden, auch nicht von demselben
Leser. Die Aussprache eines Wortes variiert in einer großen Reichweite
und hängt somit von dem Leser und jedem spezifischen Moment, welchem
der Leser begegnet und begegnete, ab. Seine Aussprache ist nur aus
einem äußerst ernsthaften und wahrhaften Lesen möglich. Bedeutung
manifestiert sich niemals in einer festgelegten Form und ist dennoch
teilbar in ihrer unbeschreiblichen Art des Verstehens.

Schlussfeier: *Complete, Embrace*
Ein Lied komponiert von Rory Pilgrim mit Robyn Haddon (Gesang),
Xiaojuan Xing (Cello), Long Liu (Sheng)

Chankyong Park Jahrgang 1965, Seoul, Südkorea; lebt in Seoul, Südkorea.
Künstler, Filmregisseur

Changho Choi Jahrgang 1960, Onseong, Nordkorea; lebt in Pjönyang, Nordkorea.
Künstler, Chef der Mansudae Art Studie Pjöngjang

Chen Tong Jahrgang 1962, Hunan Provinz, China; lebt in Guangzhou, China.
Künstler, Gründer des Borges Libreria Institute for Contemporary Art, Guangzhou

Ding Liu Jahrgang 1976, Changzhou, China; lebt in Beijing, China.
Künstler

Dongyoung Lee Jahrgang 1981, Daegu, Südkorea; lebt in Amsterdam, Holland.
Gestalter

Egon Hanfstingl Jahrgang 1960, Hilden, Deutschland; lebt in Hallum, Holland.
Künstler, Koch

Gabriele Gauler Deutschland; lebt in Hong Kong.
Leiterin des Goethe-Instituts Hongkong

Gabriele Stötzer/Künstlerinnengruppe Erfurt
Jahrgang 1953, Erleben, Deutschland; lebt in Erfurt, Deutschland.
Künstlerin, Mitbegründer Kunstlerinnengruppe Erfurt

Hans Haacke Jahrgang 1936, Köln, Deutschland; lebt in New York, USA.
Künstler

Hyunjin Kim Jahrgang 1975, Daejon, Südkorea; lebt in Seoul, Südkorea.
Autor, Kurator

Janet Grau Jahrgang 1964, Cleveland, USA; lebt in Heidelberg, Deutschland.
Künstlerin

Kristian Johansen Jahrgang 1987, Kopenhagen, Dänemark; lebt in London, UK.
Webdesigner

Kyungman Kim Jahrgang 1972, Seoul, Südkorea; lebt in Seoul, Südkorea.
Filmregisseur

Long Liu Jahrgang 1981, Shandong Provinz, China; lebt in Guangzhou, China.
Sheng Spieler

Louwrien Wijers Jahrgang 1941, Aalten; lebt in Ferwert, Holland.
Künstlerin, Autor

Robyn Haddon Jahrgang 1992, St. Albans, UK; lebt in Sheffield, UK.
Sängerin

Rory Pilgrim Jahrgang 1988, Bristol, UK; lebt in Holland.
Künstler, Komponist

Sara van der Heide Jahrgang 1977, Busan, Südkorea; lebt in Amsterdam, Holland.
Künstlerin

Sora Kim Jahrgang 1965, Seoul, Südkorea; lebt in Seoul, Südkorea.
Künstlerin

Stefan Dreyer Jahrgang 1958, Singen, Deutschland; lebt in Seoul, Südkorea.
Leiter des Goethe-Institut Seoul

Xiaojuan Xing Jahrgang 1990, Hainan Provinz, China; lebt in Guangzhou, China.
Cellospieler